©Devsisters Corp.

• **1판 1쇄 발행** | 2015년 3월 5일
• **1판 14쇄 발행** | 2018년 1월 15일
• **글** | 조주희
• **그림** | 이태영
• **감수** | 김장미
• **발행인** | 이정식
• **편집인** | 최원영
• **편집장** | 안예남
• **편집** | 김이슬, 이은정, 오혜환, 박현주, 최다혜
• **디자인** | 이명현, 최한나, 남정임
• **출판영업** | 홍성현, 임종현
• **제작** | 이수행, 주진만
• **출력** | 덕일인쇄사
• **인쇄** | 서울교육
• **발행처** | 서울문화사
• **등록일** | 1988. 2. 16
• **등록번호** | 제2-484
• **주소** | 04376 서울특별시 용산구 새창로 221-19
• **전화** | 02)791-0754(판매) 02)799-9916(편집)
• **팩스** | 02)749-4079(판매) 02)799-9334(편집)

ISBN 978-89-263-9823-4
　　　978-89-263-9810-4 (세트)

달리는 쿠키들의 한자 대모험

쿠키런

한자런

©Devsisters Corp.

서울문화사

감수의 글

'한자'는 과학이나 역사와 같이 우리 아이들이 꼭 배워야 할 과목입니다. 왜일까요?

세종대왕이 한글을 만들기 이전, 우리 조상들은 한자를 사용하여 편지를 쓰고,
시도 쓰고 자신의 생각을 적는 등 실생활에 필요한 모든 내용들을 기록했습니다.
한마디로, 의사소통의 수단이 한자였던 것이지요.
자랑스러운 한글이 만들어져 글을 읽고 쓰기가 편해졌지만,
우리말의 70% 이상은 여전히 한자어로 이루어져 있습니다.

"영희와 나는 운동을 했습니다."라는 문장에서 '운동'은 한자어입니다.
'움직이다'라는 뜻의 옮길 운(運)과 움직일 동(動)으로 이뤄진 단어입니다.
"소중한 친구에게 편지를 쓰다."라는 문장에서 역시
'소중'과 '친구', '편지' 모두 한자어입니다.
이렇듯 한자를 알면 말이나 문장을 보다 더 쉽게 이해하고 글을 쓸 수 있습니다.
또, 의사소통도 쉬워지며, 다른 공부에도 많은 도움을 줍니다.
많은 과목의 용어 대부분이 한자어이기 때문에 이해도를 높일 수 있지요.

모두들 한자는 배우는 것이 어렵다고 합니다.
〈쿠키런 한자런〉은 쉬운 한자부터 재미있게 배울 수 있는 책입니다.
'천 리 길도 한 걸음부터'라는 속담처럼, 이 책을 통해 여러분이 한자에 흥미를
가졌으면 합니다. 무슨 공부이든 흥미나 재미가 없으면 성취하기가 어렵습니다.
책을 재미있게 읽는 동안 한자 실력이 쑥쑥 성장하기를 기대합니다.

김장미(봉담중 한문교사)

머리말

한자, 달리기, 놀이동산이 금지된 쿠키나라를 한자로 구하는 초등 쿠키들의 신나는 모험담!

우리가 하는 말 중에는 '쿠키런'처럼 외국말이 섞여 있기도 하고,
'이슬비'처럼 순우리말도 있고, '전력질주'처럼 한자로 된 말도 있어요.
이 중에서 한자는 우리가 쓰는 말의 상당한 부분을 차지하고 있지요.

그렇기 때문에 차근차근 한자를 익히면
처음 접하는 단어의 뜻도 쉽게 알 수 있고,
한자 실력과 함께 이해력과 사고력도 쑥쑥 자란답니다.

〈쿠키런 한자런〉에서 재미있는 이야기를 읽다 보면
여러분도 어느새 한자와 친해지게 될 거예요.
마녀가 금지시킨 한자의 비밀을 알게 된 쿠키 초등학생들이
쿠키나라를 구하기 위해 모험을 떠나는 이야기가 펼쳐지거든요.

쿠키 주인공들과 함께 신나는 모험을 펼치며
재미와 감동이 있는 순간,
잊을 수 없는 한자들과 만나 보세요!

출발~!

등장인물 소개

명랑한 쿠키

할아버지인 예언자맛 쿠키와 함께 사는 당차고 야무진 쿠키. 우연히 용감한 쿠키를 만나고 난 후, 큰 변화를 겪게 된다.

용감한 쿠키

달리기는 엄청 빠르지만, 할머니가 가르치는 한자는 좀처럼 외우지 못하는 쿠키. 놀이동산에 놀러 갔다가 운명적인 만남을 갖게 된다.

보더맛 쿠키

용감한 쿠키의 친구로, 언제나 보드와 함께 움직인다. 친구들과 달리는 것을 좋아한다.

쿠키앤크림맛 쿠키

평범하지 않은 과거를 지닌 듯한 할머니 쿠키. 손자인 용감한 쿠키에게 열심히 한자를 가르치지만 결과는 좋지 않다.

예언자맛 쿠키

쿠키 놀이동산에서 어린이들에게 예언이 담긴 포춘 쿠키를 파는 할아버지. 쿠키앤크림 쿠키와 예전에 알던 사이이다.

딸기맛 쿠키

인터넷 검색으로 친구들에게 언제나 새로운 정보를 가르쳐 주는 것을 좋아하는 쿠키.

닌자맛 쿠키

용감한 쿠키, 보더맛 쿠키와 함께 달리는 것을 좋아하며, 벽을 타고 빠르게 움직일 수 있다.

마법사맛 쿠키

굴뚝 마녀의 마법에 대적할 수 있는 능력을 가졌다고 전해지는 쿠키.

불꽃정령 쿠키

뜨거운 용의 협곡에서 탄생했다는 전설 속의 쿠키. 굴뚝 마녀의 부하이다.

버터크림 초코쿠키

쿠키도시에서 제일가는 부자 쿠키로, 예전에는 전설의 용사였다고 한다.

치즈 케이크맛 쿠키

버터크림 초코쿠키의 외동딸로, 아빠를 졸라 원하는 것은 무엇이든 손에 넣는 쿠키. 버릇이 없고 치즈와 파티를 좋아한다.

악마맛 쿠키

원래는 악마가 아니었지만 타락주사로 인해 악마가 된 쿠키. 불꽃정령 쿠키의 명령이라면 무조건 따른다.

이 책의 특징

① 맥락으로 기억한다!

이 책은 이야기의 맥락과
강하게 연결된 한자 만화로,
흥미진진한 내용을
따라가다 보면
자연스럽게 한자를
익힐 수 있습니다.

② 시각으로 기억한다!

만화 속에서
중요한 장면마다
큰 이미지의 한자가
인상 깊게 등장하여
눈으로 한자를
먼저 기억하게 됩니다.

❸ 기초부터 학습한다!

획이 많고 어려운 뜻의
상급 한자보다는
초등학생이 접하기 쉬운
초급 한자부터
차근차근 배웁니다.

❹ 반복해서 기억한다!

만화에서 한자가
여러 번 등장하여
반복 학습이 가능하고,
권말 집중 탐구로
확실히 정리합니다.

차례

6장 변해 버린 영웅들 · · · · · · · · · · · · 012

7장 지하 금고의 생일파티 · · · · · · · 044

8장 불청객 좀비 · · · · · · · · · · · · · · 076

9장 미로 속 질주 · · · · · · · · · · · · 108

10장 연금술사맛 쿠키 출동! · · · · · · 140

2권 한자 집중 탐구
· · · · · · · · · · 172

문(門)!

와아

와

열고 닫는 문(門) 자가 새겨진 멋진 문이네!

〈쿠키런 한자런〉 2권에 등장하는 한자

安 편안할 안	原 근원 원	因 인할 인	門 문 문
怨 원망할 원	窓 창 창	地 땅 지	美 아름다울 미
男 사내 남	食 먹을, 밥 식	迷 길 잃어 헤맬 미	路 길 로
目 눈 목	足 발 족	面 얼굴 면	鼻 코 비
耳 귀 이	動 움직일 동		

책 속에서 찾아봐~!

그날 용의 협곡에선 무슨 일이!?

龍
용 룡

뭐?
우리 친구들이
여기에
있다고?

원인이라~!

原因
근원 원   인할 인

6장
변해 버린 영웅들

헤헤, 용사맛 쿠키님~

자네는 안녕한가? 나는 안녕 못 하네!

安

편안할 안

쿠키나라를 위기마다 구했던 나, 마법사맛 쿠키가…

용의 계곡에서 이렇게 허무하게 죽는단 말인가?

아… 팔에 힘이 없어.

이제 정말 안녕….

난 지금 전혀 편안하지 않…

용사맛 쿠키!

앗!

날 좀 살려 주게!

파악

으아아아

용의 꼬리!

휙

머리카락이
불에 그을리기는
했지만…

살았다!
살았어!!

용사맛 쿠키!
이게 얼마 만인가.
보고 싶었네!!

대체 왜 오랜 시간 용의 계곡에서 혼자 살았나?

이유가 있었다네.

혹시 불꽃정령 쿠키가 굴뚝 마녀의 하수인(下手人)이 된 원인(原因)과 관련이 있는가?

하수인 (下手人)?

원인(原因)?

그게 무슨 뜻인가?

아참!

자네가 한자 실력이 없다는 걸 깜빡했네.

욱

이히힝

하수인(下手人)은 아래에서 손의 역할을 하는 사람.

즉, 남 밑에서 졸개 역할을 하는 쿠키를 말한다네.

맞아. 불꽃정령 쿠키는 굴뚝 마녀의 하수인(下手人)이 되었지.

자네는 그 원인(原因)을 알고 있지?

원인(原因)이 뭐냐니까?!

원인(原因)이란 어떤 일의 근본이 되는 까닭을 말하네.

근원 원(原)은 언덕을 나타내는 언덕 한(厂)에 샘 천(泉) 자가 붙어서~

언덕 밑에 샘물이 솟아나는 곳을 의미하지.

그래서 근본, 근원이 되는 거네.

아하! 어떤 것의 시작을 뜻하는 글자가 원(原) 자로군.

그렇지!

인할 인(因) 자는,

사람이 클 대(大) 자로 팔을 뻗어 영토를 넓히려고 하는 모양이야.

영차~!

찌이익

찌익

나라를 크게 넓히려고 하는 데는 다 이유가 있는 법이지.

이유와 까닭을
나타내는 인(因)…!

그럼 원인(原因)이란
'어떤 일이 시작된
까닭'이란 뜻이군.

주인님이
해내셨어!

붕

붕

덩실

덩실

그렇지!

그래 난, 불꽃정령
쿠키가 마녀의
하수인(下手人)이
된 원인(原因)을
알고 있어.

폴짝

폴짝

그렇다면 그 원인을 알려 주게.
불꽃정령 쿠키는 왜 마녀의
하수인이 되었나?

제발…!!

불꽃정령 쿠키는
예전의 친구가 아니야.
그는 변했어.

그리고 거기엔 너무나 무서운 비밀이 있기에 난 절대 말하지 않을 거야.

말해 주게.

모르는 편이 좋아.

알려 줘!

싫어!

말해!

콱

콱

그렇다면…!

찌릿!

찌릿!

싸우자는 거냐?

아아아콰아

친구끼리 싸울 순 없네.

왠지 질 것 같아….

친구지만 무서워~

왁

내가 말해 줄 수 있는 건 붉은 용이 원인(原因)이 되었다는 것밖에 없어.

붉은… 용?

쿠키나라엔 푸른 용만 있는 게 아니었어.

그보다 몇 배나 더 강하고 사악한 붉은 용이 있었다고.

龍

휘이이

화산에 붉은 용이…!!

엄청난 화력이야!

불 화(火).

힘 력(力)…!

강한 화력(火力)을 지닌 나도 감당할 수 없는 상대야!

후우욱

콰

아 아

용사맛 쿠키,
피해!

쾅

익!

화

아

아

악

나, 불꽃정령
쿠키가
상대해 주마!

붉은 용….

내가 이야기해 줄 수 있는 건 여기까지다.

이제 그만 돌아가. 쿠키들에게 안내자가 필요할 테니.

참, 자네의 마법사전 말일세.

맞다! 마법사전!

！

뽀로롱

이 녀석! 내가 절벽에 매달렸을 때 나타났어야지!

퍽

펫 주제에 주인에게 덤벼?

그럼 잘 가게, 친구.

용사맛 쿠키….

마음에 큰 상처를 입었더라도

꼭 돌아올 거라고 믿네.

쿠키나라는 자네가 필요해.

할머니 할아버지께서
쿠키도시의 최고
부자와 친구라니,
정말 놀라워요!

건물이
으리으리해~!

비서 누나도 완전 예뻐!

실내에서 보드는 금지입니다!

촤-아-아

목소리도 넘 좋다!

벽도 타지 마!

불쑥

우린 버터크림 초코쿠키의 오랜 친구라오.

용의 계곡에서 함께했던 친구라고 전하면 당장 저 문(門)을 박차고 우릴 맞이하러 나올 것이오.

꼬길

꼬길

문(門)!

와

와아

열고 닫는 문(門) 자가 새겨진 멋진 문이네!

예언자맛 쿠키님과
쿠키앤크림
쿠키님이시군요.

딸칵

회장님께서
특별히….

특별히…?!

내쫓으라고
하셨습니다.

콱

이거 놔!

콰악

버터크림
초코쿠키!
우리가 왔네!

챗, 친구?

시끌

시끌

쿵

쿵

나에게 친구는
금과 돈뿐이라고!

?

좀비….

안 돼, 좀비맛 쿠키라도 깨끗한 음식을 먹어야지.

아야야~

으으…

탁

뭐야, 여기는 쓰레기장이잖아!

쓰레기 배출구

꽁

우리 쫓겨난 거예요?

오랜 친구라면서요…?

음…

굴뚝 마녀가 쿠키나라를 새카맣게 구워 버린다니, 어림도 없는 소리!

모두 내 돈을 빼앗으려는 수작이야.

으응, 저게 뭐지?

소중한 펫을 이렇게 써서 미안해!

7장

지하 금고의 생일 파티

쿠키들이 지하 금고에 모인다고? 당장 가야겠어!

안 돼~

地下

땅 지　　　아래 하

허이짜~!

코인 폭죽도 밤새 터뜨릴 거예요!

그, 그래. 돈이 많이 들겠구나….

아빠는 저에게 쓰는 돈이 아까우세요?

설마…!

꺅~

그럴 리가! 사랑스러운 딸의 부탁이라면 뭐든지 오케이!

자식 교육 잘 시키는구먼.

쫏쫏…

파닥

파닥

이번엔 아빠의 오래된 지하 금고에서 파티를 열고 싶어요.

뭐라고?!

지하(地下)
금고?

그래, 버터크림 초코쿠키는
지하(地下)에 거대한
금고를 가지고 있었지.

땅 지(地)

아래 하(下)

땅> 아래!

지하 금고는 안 돼.
출입구(出入口)를
막아 버린 지
오래되었단
말이야.

싫어요!
꼭 거기서 파티를
열 거예요!

찌릿

게다가 지하(地下) 금고는 미로로 만들어져서 누구든 길을 잃는단다.

아빠가 내 부탁을 들어주지 않는다면….

아, 안 돼! 제발 그것만은!

흐응~

아빠 미워~!

세상에…!

퍽

꺅!

붕 붕 붕

주르륵

버르장머리 없는 쿠키 같으니라고!

척

내 치즈케이크 모자가 엉망이 됐어!

휙

으앙~

빠직

이게 무슨 짓인가!

버럭

아빠가 지하 금고를 열어 줄 테니 뚝~!

으앙~

버터크림 초코쿠키! 딸 교육을 그렇게 시키다니, 부끄럽지도 않은가?

할머니 짱!

일찍 엄마를 잃고 불쌍하게 자랐네. 뭐든지 들어주고 싶은 게 아빠 마음 아닌가?

흐잉~

지하(地下) 금고잖아! 넘 멋질 것 같지 않니?

전혀요~!

아니야, 가고 싶을 거야!

핫하하

빨리 가고 싶다고 해!

콱

가, 가고 싶다….

재미있겠네요….

우리도 초대해 주면 참 좋을 텐데. 우리 재미난 것 많이 할 줄 알아! 이것 봐~! 포춘 쿠키 예언 볼래?

꼬질

꼬질

획

팍

초강력
제트 방귀!

뿡

내 딸아!

획

꼬르륵

내 파티에 모두
얼씬도 마!

콱

진송...

어머~, 너
정말 예쁜 모자를
쓰고 있구나?

응?

나는 명랑한
쿠키라고 해.

그거 올해 나온 쿠키 백화점의 신상품이지?

맞아! 넌 내 모자의 가치를 알고 있구나?

나는 귀여운 치즈방울을 가지고 있는데~!

치즈 방울?

난 세상에서 치즈가 제일 좋아!

나도, 나도! 치즈가 짱이야!

방 방

방

왜 저리 호들갑이야?

뾰로롱

애교

치즈

아잉~

유후~

치즈방울~!

진짜 귀엽당~!

반짝

반짝

치즈방울
너...

으웩~.

초코방울이 초코를
토하고 있어.

주르륵

읍!

치즈방울을 파티에서
소개해 주고 싶어.

인기 최고일
거야!

잠

깐

콱

안 돼! 이들을 지하 금고에 들이면 절대 안 된다!

아빠.

앙~

귀여운 내 딸….

그, 그래…. 모두 초대하렴!

꺅~

만세~

털썩

쪼꼬…

할아버지, 근데 왜 파티에 가시려고 했어요?

슛!

버터크림 초코쿠키의 지하 금고를 살펴볼 일이 있단다.

지하 금고는 쿠키나라에서 가장 안전한 금고였단다.

쿠오오오

버터크림 초코쿠키가 금고에 못 가게 하는 덴 분명 이유가 있을 거야.

파티가 열리는 동안 지하 금고를 샅샅이 살펴보아라.

오호!

지하 금고란 말이지?

슈우우우

너는 여전히
실수투성이에
덜렁대는구나.

팍

!

펑

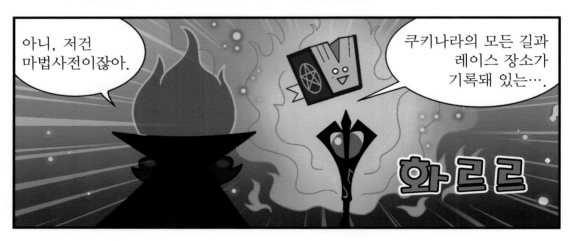

아니, 저건
마법사전이잖아.

쿠키나라의 모든 길과
레이스 장소가
기록돼 있는….

화르르

저 마법사전을
다른 쿠키들이 보면
안 되겠군.

콱

돌아가게.
쿠키들에게 안내자가
필요할 테니.

용사맛 쿠키….

화 ㄹ ㄹ

너는 나보다 훨씬
강하고 용맹했지만

지금의 나에게는
절대 이길 수 없어.

나는
강해졌다.

화 ㄹ ㄹ ㄹ

그리고
내가 더…

스윽

미남(美男)이야.

척

슥

슥

슥

몰래 펫을 키우고 있던 쿠키들 말입니다.

버터크림 초코쿠키의 지하 금고에서 열리는 파티에 간다고 합니다.

버터크림 초코쿠키의 옛 금고 말이냐?

거긴 미로(迷路)가 끝없이 펼쳐져 보물을 훔치러 온 도둑도 길을 잃는 곳이야.

미로요?

후후― 파티를 더 재미있게 해줘야겠군.

휘리릭

휘릭

다들 열심히 달리게 될 거야. 물리지 않으려면 말이야.

척

그 녀석에게
타락주사를
놓아라.

타락
주사요?

왜?

널 악마로 만든
타락주사를 원망(怨望)
하는 것이냐?

아, 아닙니다….

저는 지금 제 모습이
좋습니다….

그럼 빨리
다녀와.

아, 아니야!!

좀비맛 쿠키는 착한 쿠키야.

와 작

와 작

네가 처음부터 악마가 아니었던 것처럼….

옛날 이야기는 하지 마시지!

흥!

그건… 타락주사?

천사맛 쿠키였던 널 타락시킨 주사잖아!

척

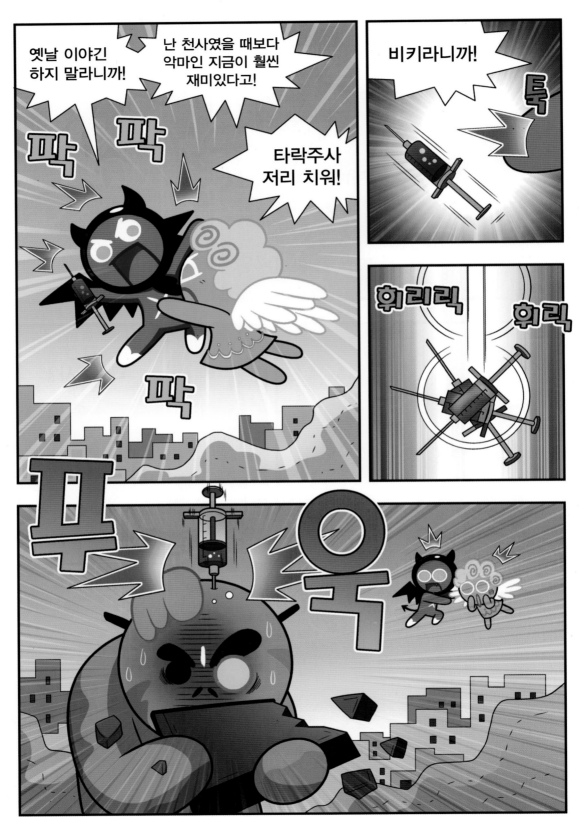

지금 악마맛 쿠키가 날 구해 준 거야?

타락주사 한 방에 너도 사나워졌구나.

파닥

파닥

쿠아

아

파티장에 널 풀어 놓으면 어떻게 되려나?

아마 엄청나게 재미있는 파티가 되겠지?

쉬이이이

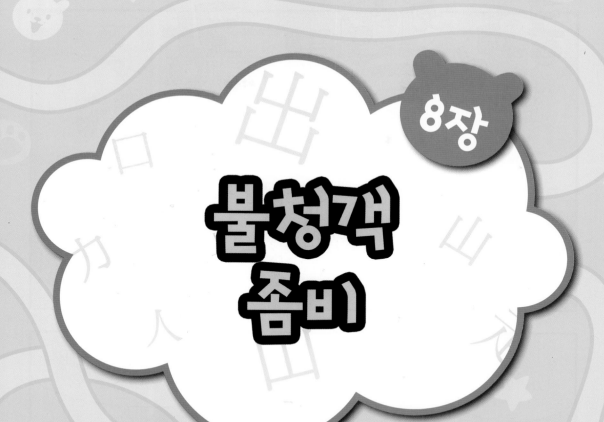

8장

불청객 좀비

門

문 문

으-, 여긴 너무 시끄러워.

온통 치즈 장식 뿐이네.

우리는 버터크림 초코쿠키를 찾아볼 테니까,

너희는 자연스럽게 행동하면서 지하 금고의 입구를 찾아보렴.

네….

혹시 무슨 일이 생기면…,

꼭 기억하거라, 쿠키들은 달린다는 것을!

척 ♪♬♩

달릴 주(走)!

할머니, 할아버지도 잘 달리셔야 할 텐데….

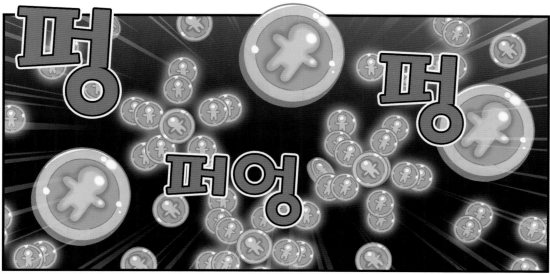

펑

펑

퍼엉

우와~!
동전이 마구
쏟아진다.

코인 폭죽이야.

버터크림 초코
쿠키는 정말
부자인가 봐.

그래도
시끄러운 파티는
딱 질색이야.

획

이곳에 우릴 데리고
온 건 너거든.

모두
쿠키나라를
위해서였다고!

네 친구들
노는 것 좀 봐라!!

헐

훅

아싸~
신난다!

훅

멋지다~!

야호!

촤아아

딸기맛 사탕
좋아하니?

아~,
나가고 싶다.

파티는 너무
싫….

쾅

명랑한 쿠키,
와 주었구나!

쩌이익

어머, 드레스 정말 예쁘다~!

네 치즈방울도 정말 귀여워~!

애교

애교

치즈방울과 너를 내 친구들에게 소개해 줄게.

나도 네 친구들 어서 만나고 싶당~!

방

방

연기 실력이 보통이 아니야.

음...

그나저나 금고로 들어가는 문을 찾아야 하는데….

획

획

모두 공연에 정신이 팔린 지금이 금고 입구(入口)를 찾을 기회야!

명랑한 쿠키…?

꺄악, 멋있다!

락스타맛 쿠키!

어휴….

깍

화

악

꺄악

꺅

터벅

터벅

쟁

쟁

쟁

지하 금고는 미로(迷路)처럼 설계되어 있어.

여기가 어디냐?

길 잃어 헤맬 미(迷)에

길 로(路).

쌀(米, 쌀 미)이 여기저기 흩어진 모습의 길 잃어 헤맬 미(迷) 자 말이야.

촤라락

쌀미 米

아유, 정신없어.

마구 흩어진 쌀알처럼 길이 펼쳐져 있다면 당연히 출구를 찾을 수 없지.

길 잃어 헤맬 미(迷).

迷

쌀미 米

흥! 이깟 미로(迷路)쯤이야, 다 기억할 수 있다고~!

쳇, 포춘 쿠키를 어디에 두었는지도 기억 못 하면서.

무슨 소리야! 포춘 쿠키는 왼쪽 주머니에…

스윽

친구들….

아니, 오른쪽인가?

퍽

꽉!

아니, 이게 누구야?

끄으으~

신발 속인가?

왜 신발에??

으헉ー

통

누가 자넬 이렇게
만들었나?

바로
너잖아!

꽈-악

아까는
미안했네.

내 재산을 노리고
온 걸로 착각했지.

툭

툭

재산 노리고
온 거 맞는데?

마법사맛 쿠키를
찾는 데 쓸 돈이
필요하거든.

굼적

역시!

으으...

그리고 자네가
지하 금고 안에 무엇을
숨겨 두었는지도
무척 궁금하고.

우리에게
숨기는 거
있지?

숨기는 거 없어!

지하 금고에 데려다주겠네.
그곳에 자네들이 원하는 답이
있다면 기꺼이 안내해 주지.

휙

오호~, 자넨 역시
좋은 친구였어.

오~!

스윽

하지만
펫들은 금고에
들어갈 수 없어.

여긴 펫이
들어올 수 없게
설계되었거든.
펫이 들어오면 입구
(入口)가 막혀 영영
나갈 수 없게 돼.

입구 쪽이 왜
이렇게 시끄럽지?

내 파티를 망치는
애들이 누구니?

흥!

아빠에게 말해서
다시는 초대
안 할 거야!

화

악

좀비~!

좀….

케이크나
먹어!

퍽

뭐야,
모두 좀비잖아?

좀비~

좀비맛 쿠키가 좀비 바이러스를 퍼뜨리고 있어.

좀비맛 쿠키는 쿠키들을 물지 않아.

지금 물고 있잖아!

여기가 금고 입구(入口)야.

혁
혁
혁

문(門) 앞에 보라보라향초와 포근 실타래가 있어.

할아버지랑 쿠키앤크림 할머니는 어디 계셔?

금고 안에 들어가셨다고?

척

여기가 지하 금고의 미로(迷路)야.

들어갔다가 영영 못 나오면 어쩌지?

안쪽은 어두워서 잘 보이지도 않아.

스윽

포근 실타래의 실을 출발 지점에 묶고 가면 돼.

그럼 길을 잃더라도 왔던 길을 돌아 나올 수 있을 거야.

보라보라향초로는 길을 밝히자.

꽈악

화악

척

근데 할머니와 할아버지는 이렇게 중요한 펫들을 왜 두고 가셨을까?

난 절대 미로엔 안 들어갈 거야!

좀비들이다!

어서 미로(迷路)로 들어가!

치즈케이크맛 쿠키, 너도 뛰어!

9장

미로 속 질주

迷路
길 잃어 헤맬 미   길 로

길을 완전히
잃었어….

크하아악~!

우린 길을 잃었어!

버터크림 초코쿠키, 네 놈 짓이지!

일부러 잘못된 길로 인도하는 거 아냐?!

그래, 처음엔 미로(迷路) 속에 너희를 가두려고 했지.

그런데…

이젠 나도 나가는 길을 모르겠어!

포근 실타래가 빠르게
줄어들고 있어.

길이 세 갈래야!
어디로 가야 하지?

끼익

바닥에 눈이
그려져 있어!

눈이라면?

보라보라향초!
벽에 불을 비춰 줘!

화ㄹㄹ

훽

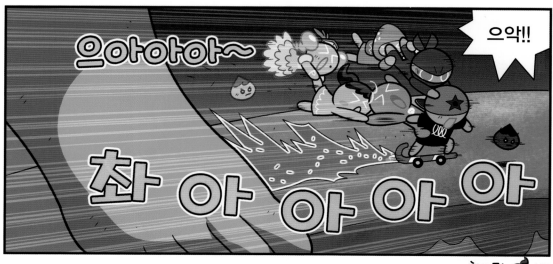

잘했어,
닌자맛 쿠키!

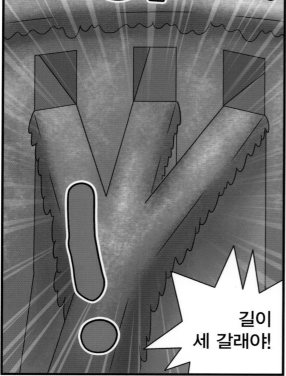

길이
세 갈래야!

명랑한
쿠키!

발을 뜻하는
한자가 뭐지?

냄새나는
네 족발 먼저
치워 줄래?

꼬릿

꼬릿

족발…, 발 족(足)….

으으…

발 족(足)자야!

쿠키의 발 모양과 닮았어!

퍽

足

컥

첫 번째 길이다!

足

차아아아

차아아

팽

포근 실타래의
실이 다 되었어.

으으

끙...

괜찮아?

꺅~

좀비들이
온다!

어쩌지?
이제 돌아나가는 길을
표시할 수가 없어.

크앙

우르르

크아앙

포근 실타래,
얼른 돌아올게.

거대한
버터크림
초코쿠키의
얼굴이야.

촤아아

아빠의 얼굴이야.

흑

아빠가 보고 싶어!

내가 좀비에게
쫓기는 걸 알면
바로 구해 주실 텐데!

으앙

으아아~

쿠키 살려—!!

크앙

크아아

우르르

얼굴을 나타내는 한자가 뭐지?

얼굴 면(面)이야.

차악

얼굴을 닮은 한자, 얼굴 면(面)!

차아악

세 번째
입구다!

面

화륵

차
아
아
아

다음은?

차아아아아아

코, 코다!

파앗

차아아아

미로(迷路)가 너무 더러워.

주르륵

주륵

그래도 미로(迷路)의 끝이 점점 다가오는 것 같아.

차
아

차아아

크아아

좀비들이 여기까지!!

저게 뭐지?!

차
아
아 아

처음 보는 모양이야!

저건 귀야.

귀ー?

우린 귀가 없는데?

할아버지가 그러시는데, 마녀는 인간이란 종족이라 쿠키에게 없는 귀가 달려 있대.

인간?

그래서 인간의 귀가 한자로 뭔데?

그건 나도 몰라!

다리가 끊겼어!

귀의 구멍으로 들어가야 해!

가운데야!

확실해?

입구 옆에 쓰여 있는 한자가 귀의 모양과 비슷하잖아!

단지 닮았다는 이유로?!

귀 이(耳)!

뛰어!!

차아아아

팟

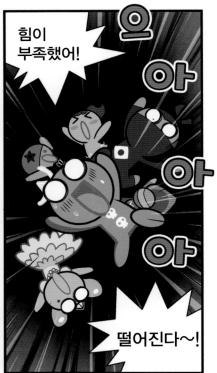

보물이 아니야.

펫의 알이야. 두 개나 있어.

금고 안에 펫이 숨겨져 있었다니….

아빠 금고 안에 있던 거니까 아빠 거야!

미로(迷路) 안에서 펫의 활약을 봤지?

펫은 금고 안에 가두는 게 아니야.

주인을 선택할 수 있도록 놔줘야 해.

끄덕

펫은 자신이 선택한 주인을 위해 일할 때 가장 행복해한다고.

파앗

팟

그럼 치즈방울도 돈으로 못 사는 거야?

응, 치즈방울은 나를 선택했으니까.

끄덕

돈으로 안 되는 게 있다니, 말도 안 돼!!

으앙~

에휴...

이제 펫 알을 가지고 나가자.

하지만 밖에는 좀비들이 가득할 텐데….

뽀로롱

초코방울이 밖을 살펴보고 왔는데, 좀비들이 하나도 없대.

정말?

누군가 좀비들을 모조리 끌고 갔나 봐~.

좀비가 왜 이렇게 많아!!

쿠키는 달려야 한다! 달려!!

으아아~

크아아아

우르르

연금술사맛 쿠키 출동!

10장

빠샤!

파닥

出

나갈 출

연금술사맛 쿠키가 구하러 갑니다!

으아아아~

우르르

크앙

크아아

도대체 왜
미로 안에 좀비가
있는 거야?

내 딸이 초대한
손님들일세.

좀비를
초대했다고?

아니, 손님들이
좀비에게 물려서
좀비가 된 거지!

버럭

우리도 물리면
좀비가 된다고!

파팟

팟

누군가 좀비맛 쿠키에게
타락주사를 놓은 게
틀림없어.

맞아! 좀비맛 쿠키는
전혀 사납지 않아.
타락주사 때문에
잘못된 거지.

쿠키앤크림 쿠키
다녀가다.
쿠키앤크림 쿠키
2번 다녀가다
3번 다녀가다
나번...

누가 그런
짓을?

누구긴 누구야!
불꽃정령 쿠키
녀석이겠지!

그렇다면 타락주사의
효과를 없앨 약물이
필요하겠군.

약물?

여보세요.
연금술사맛
쿠키인가?

네, 사장님.
어쩐 일이세요?

화르르

타락주사의
효과를 없앨
약물이 필요해.

크아아

크앙

그건 정말 귀한
약물이에요.
가격도 꽤
비싸고요…

돈이 얼마가 됐든
무조건 지하
금고로 가져와!

파닥

파닥

출동(出動)이다!

뱀파이어맛
쿠키 오빠,
고마워!

척

여기가
지하 금고로 들어가는
문(門)이구나.

파닥

파닥

저벅

저벅

철컥

우선 주사기를
조립하고….

쿵

철컥

쭈욱~

크아아

크앙

좀비들,
여길
봐—!!

휘릭

척

여기가 어디야?

조금 전까지만 해도 파티를 하고 있었는데?

우리가 지금 뭐 하는 거지?

웅성

웅성

고맙네, 연금술사맛 쿠키.

휙

뭘요~, 약물 계산서입니다!

척

컥, 너무 비싸잖아!

못 줘!

탁

크르르...

어머, 아직 해독주사를 맞지 않은 좀비가 있네요?

헉

크르르...

……

치즈케이크맛 쿠키의 파티엔 두 번 다시 안 올 거야.

계산서 받으세요!

탁

뭐지? 내가 왜…?

화악

나는 이제! 부자!!

그런데 내 딸 치즈케이크맛 쿠키는 왜 안 보이는 거지?

자네들이 데려온 꼬마 쿠키들도 안 보이는군.

후후후

흣!

그 아이들은 아마 자네의 비밀 금고에 도착했을 거야.

뭐? 나의 금고에?

대체 금고에 뭘 숨겨 놓은 거야?

어서 말해!

버럭

스윽

흥, 내가 말할 줄 알고?

악! 또 좀비가ー!

펫 알을 숨겨 두었어!

크앙

차아악

펫 알?

왜 펫 알을 숨겼나?
펫이 쿠키들에게 얼마나
중요한지 잘 알면서!

울먹...

난 정말 펫을
갖고 싶었네.

그래서
엄청난 돈을 들여
알을 구하긴 했는데…

반짝

반짝

결국 부화에
실패했네.

왜~

내가 마음에 안 들어?
난 쿠키도시의
최고 부자라고!

흑

자존심이
너무 상했지.

쿠키나라를 구한 전설의 영웅이자,
최고의 부자인 나를 선택하는
펫이 하나도 없다니….

난 형편없는
쿠키가 된 거야.

타박

타박

그래서
지하 금고에
펫 알을 숨기고

돈만 밝히는
쿠키로 살아가게
된 거지.

내 펫이 안 된다면
다른 쿠키들에게도
못 줘!

훅

자신의 주인은 펫이 정하는 거야. 자네가 펫의 선택을 막아서는 안 돼.

?

흥!

좀비들은 이제 안 보여.

표시해 둔 길을 따라 미로에서 나가자.

이 펫 알을 가지고 말이야.

포근 실타래!

오래 기다렸지?

이제부턴 포근 실타래의 실만 따라가면 돼!

펫은 정말 굉장하구나. 귀엽기도 하고….

명랑한 쿠키, 치즈방울을 나에게 팔지 않을래? 돈은 얼마든지 줄게~!

좌아

까악

으앙~

과연 누구의 펫이 될까?

얘넨 한자를 좋아하려나?

좀비맛 쿠키가

펫 알과 함께 떨어졌어!

너무 깊어서 밑이 보이지 않아.

좀비맛 쿠키….

휘이이

치즈 좀비….

크아아

끙끙

뿔뿔뿔

크아~

스윽

어서
금고 밖으로
나가자.

툭

투툭

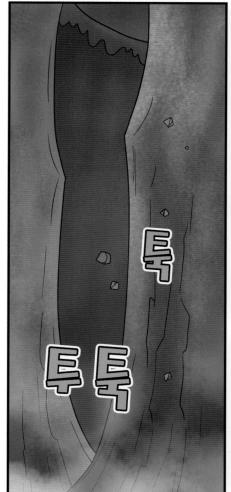

툭

투툭

퍽

퍽

좀비….

지끈

지끈

?

?

먹을 식,
밥 식(食)은

그릇에
음식을 담고

뚜껑까지 덮은
모양을

본뜬
상형글자야.

좀비….

주르륵

스윽

와

악

차아아

방금 번쩍한 게
뭐지?

뿔뿔뿔

뽀

롱

좀비!...

어서 알려야지!

휙

카아아아

불꽃정령 쿠키님, 좀비맛 쿠키가 펫을 얻었습니다.

파닥

파닥

게다가 타락주사는 연금술사맛 쿠키의 해독약으로 힘을 잃어버렸습니다.

뭐?!

척

연금술사맛 쿠키가 해독약을 만들 수 있단 말인가?

연금술사맛 쿠키는 쿠키나라를 구워 버리려는 굴뚝 마녀님께 큰 방해물이 될 거야.

그러니 가만두면 안 돼.

당장 연금술사맛 쿠키의 약점을 알아 오너라!

넵!

척

내 소중한 펫이….

하아~

말도 안 돼~

음…

힘내게. 자네에겐 딸이 있지 않은가.

그래, 나의 진짜 보물은 사랑스러운 내 딸이지.

오, 저기 어린 쿠키들이 오고 있군!

촤아아

2권 한자 집중 탐구

7급	부수 宀 집 면
安 편안할 **안**	★ 平安 (평안) 마음이 고르고 편안함. ★ 安心 (안심) 마음을 편안하게 가짐.

5급	부수 厂 언덕 한
原 근원 **원**	★ 原理 (원리) 사물의 근본이 되는 이치나 법칙. ★ 草原 (초원) 온통 풀로 뒤덮여 있는 벌판.

5급	부수 囗 에워쌀 위
因 인할 **인**	★ 原因 (원인) 사물, 상태를 변화시키는 근본이 되는 일이나 사건. ★ 因果 (인과) 원인(原因)과 결과(結果).

8급	부수 門 문 문
門 문 **문**	★ 出入門 (출입문) 사람들이 드나드는 문. ★ 門前 (문전) 문 앞. 건물의 출입문 앞.

4급	부수 心 마음 심
怨 원망할 **원**	★ 怨望 (원망) 바란 대로 되지 않아 미워하거나 분하게 여김. ★ 怨讐 (원수) 원한이 맺힐 정도로 자기에게 해를 끼친 사람이나 집단.

6급	부수 穴 구멍 혈
窓 창 **창**	★ 窓門 (창문) 공기, 빛이 통할 수 있도록 벽에 만든 작은 문. ★ 同窓 (동창) 같은 학교에서 공부한 관계, 동창생.

7급	부수 土 흙 토
地 땅 **지**	★ 地域 (지역) 일정한 기준에 의해 구분되는 땅의 구역. ★ 地方 (지방) ①어느 방면의 땅. ②서울 이외의 지역.

6급	부수 羊 양 양
美 아름다울 **미**	★ 美人 (미인) 아름다운 여자 혹은 사람. ★ 美術 (미술) 공간 및 시각의 미를 표현하는 예술.

★ '부수'란? 부수는 자전(옥편)에서 한자를 찾는 기준이 되는 글자로, 한자의 뜻과 연관이 있어요. 예를 들어 木(나무 목)을 부수로 쓰는 한자의 뜻은 '나무'와 연관이 있어요. 또, 부수에 해당하는 한자가 다른 글자와 만나면 모양이 조금씩 변하기도 해요. 信(믿을 신)의 亻 은 人(사람 인)이 변형된 한자예요. 부수의 수는 총 214자입니다.

7급	男	부수 田 밭 전

7급 男 사내 (남)
부수 田 밭 전

* 男學生 (남학생)
남자 학생.
* 男妹 (남매)
오빠와 여동생 또는
누나와 남동생 사이.

7급 食 먹을, 밥 (식)
부수 食 먹을, 밥 식

* 食事 (식사)
사람이 끼니로 음식을
먹는 일. 또는 그 음식.
* 食口 (식구)
한집에서 함께 사는 사람.

3급 迷 길 잃어 헤맬 (미)
부수 辶 쉬엄쉬엄 갈 착

* 迷兒 (미아)
길을 잃고 헤매는 아이.
* 迷路 (미로)
복잡하게 만들어져
빠져나오기 어려운 길.

6급 路 길 (로)
부수 足 발 족

* 通路 (통로)
다니는 길.
* 路上 (노상)
길 위. 길을 가는 도중.

6급 目 눈 (목)
부수 目 눈 목

* 目的 (목적)
이루려 하는 일. 또는,
나아가려고 하는 방향.
* 注目 (주목)
어떤 사물을 주의해서 봄.
시선을 모아 봄.

7급 足 발 (족)
부수 足 발 족

* 手足 (수족)
①손발 ②손발처럼
마음대로 부리는 사람.
* 四足 (사족)
①짐승의 네 발.
②사람의 두 팔, 두 다리를
낮추어 부르는 말.

7급 面 얼굴 (면)
부수 面 얼굴 면

* 正面 (정면)
①똑바로 마주 보이는
앞쪽. ②직접 마주 대함.
* 四面 (사면)
①전후좌우의 네 방면.
②모든 방면.

5급 鼻 코 (비)
부수 鼻 코 비

* 鼻音 (비음)
①코가 막힌 듯 내는 소리.
②입으로 내지 않고
코로 내는 소리.
* 耳目口鼻 (이목구비)
귀, 눈, 입, 코를 비롯한
얼굴의 생김새.

5급 耳 귀 (이)
부수 耳 귀 이

* 耳目 (이목)
①귀와 눈.
②남들의 주의.
* 耳鼻咽喉科
(이비인후과)
귀·코·목 등을 치료하는
의학 혹은 병원.

7급 動 움직일 (동)
부수 力 힘 력

* 生動 (생동)
활기차게 살아 움직임.
* 出動 (출동)
일정한 목적을 달성하기
위해 나가서 행동함.

쿠키런 <보물찾기 대작전!> 출간!

온가족이 즐기는 두뇌계발 놀이북!
집중력과 관찰력 강화!

★최신 신규 쿠키 대거 등장!
★'새로운 세계'로 업그레이드 된 배경!
★더욱 흥미진진한 스토리 구성!

저를 따라오시지요!

쿠키 왕국의 귀중한 보물과 재료를 찾아 ★★★새로운 세계★★★ 로 출발!

초코 왕방울의 안내에 따라 쿠키들이 떠나는 새로운 세계로의 모험!
쿠키성의 지하 감옥과 비밀 복도, 그리고 성 밖으로 펼쳐진 원시림의 세계까지,
쿠키들이 향하는 곳은 흥미진진한 이야기가 가득합니다. 와글와글 책을 가득 채운 쿠키들
사이에서 숨어 있는 쿠키와 펫, 보물, 재료, 그리고 유물 조각까지 모두 찾아내면, 미션 완료!!
상상력과 집중력, 모험심을 길러 주는 쿠키런 친구들과 함께 해 보세요!

★★★ 쿠키런 지능 계발 놀이북 시리즈 ★★★

집중력 UP!

관찰력 UP!

사고력 UP!

전국 서점과 마트에서 만나요!

초등 교과서 수록 세계 위인만화

신비아파트 교과서+위인 100 ①-③

사라질 위기에 놓인 역사 위인을 구하라!

NEW

초등 교과서 수록 세계 위인만화

신비아파트

교과서+위인

100

글 임우영 그림 카툰 TM 양선모·오윤미

3

잔 다르크
유관순
안중근
전형필
찰리 채플린
무하마드 알리

초등 교과서 속
세계 위인들의
**위대한 순간을
만나다!**

조선의 발명왕	한글을 창제한 성군	셜록 홈스 저자	노예 해방자	전쟁의 신	해리포터 저자
장영실	세종대왕	아서 코난 도일	에이브러햄 링컨	나폴레옹	조앤 롤링
백전백승의 전략가	위대한 명의	천재 예술가	세계적인 발명왕	농구 황제	마라톤 금메달리스트
이순신	허준	레오나르도 다 빈치	토마스 에디슨	마이클 조던	손기정
프랑스를 구한 소녀	독립운동가	독립운동가	문화재 수집가	천재 영화인	챔피언 복서
잔 다르크	유관순	안중근	전형필	찰리 채플린	무하마드 알리

각 권 값 11,000원 | 구입문의 : 02)791-0754(출판영업) 서울문화사